Inhalt

High Potentials - Teuer einkaufen oder intern entwickeln?

Kernthesen

Beitrag

Fallbeispiele

Weiterführende Literatur

Impressum

High Potentials - Teuer einkaufen oder intern entwickeln?

M. Rinkenburger

Kernthesen

- In vielen Unternehmen besteht oftmals eine große Diskrepanz zwischen einer wünschenswerten professionellen Nachwuchsentwicklung und der tatsächlichen Personalentwicklung.
- Förderung und Entwicklung von High Potentials fällt in schlechten Zeiten meistens als erstes dem Rotstift zum Opfer. Langfristig kommt diese kurzfristige Sichtweise den Unternehmen wesentlich teurer, da sie mit großem Aufwand und hohen Kosten neue High Potentials für das

Unternehmen gewinnen müssen.
- Die Identifizierung und Rekrutierung bzw. Entwicklung von High Potentials läuft oftmals über verschiedene Wege. Es besteht die Möglichkeit, junge Mitarbeiter oder Hochschulabsolventen frühzeitig zu erkennen und zu fördern. Die zweite Alternative läuft meistens über Headhunter und dient der Gewinnung von bereits hochqualifizierten Nachwuchskräften für das eigene Unternehmen.

Beitrag

Sowohl Unternehmen mit positiven Umsatzprognosen und Geschäftsentwicklungen als auch Firmen die sich mitten in Restrukturierungen und in einem oftmals umfangreichen Stellenabbau befinden, benötigen zur Sicherung und Entwicklung des Unternehmens hochqualifizierte Mitarbeiter und Führungskräfte. High Potentials werden deshalb auch in Zukunft sehr gefragte Mitarbeiter sein, die von vielen Unternehmen entsprechend hofiert werden. (1), (6), (4) Die Anforderungen an High Potential liegen allerdings sehr hoch, so dass im Verhältnis nur sehr wenige Hochschulabsolventen und Berufspraktiker zu dieser Zielgruppe gehören. (4), (6) Unternehmen, die über eine strategische

Nachwuchsförderung mit transparenten Prozessen verfügen, haben eine stärkere Wettbewerbsposition und höhere Ertragskraft als Firmen ohne gezielte Nachwuchsentwicklung. (2)

+ Welche Voraussetzungen müssen hochqualifizierte Nachwuchskräfte erfüllen?
Es gibt verschieden Kriterien und Fähigkeiten die in der Regel einen als High Potential identifizierten Absolventen oder Mitarbeiter auszeichnen. Dabei kommt es vor allem auch darauf an, ob vorzugsweise Absolventen mit entsprechendem Potential oder bereits Mitarbeiter mit einschlägigen Berufserfahrungen gesucht werden. Im folgenden sind einige Kriterien aufgeführt, die von vielen Unternehmen als die wichtigsten Vorraussetzungen angesehen werden, um in die Kategorie High Potential zu fallen: (4), (5), (6), (8)

- Herausragender Notendurchschnitt im Studium
- Auslandserfahrung und hervorragende Englischkenntnisse sowie weitere Sprachen
- Außeruniversitäre Aktivitäten und einschlägige Praktika mit entsprechenden Zeugnissen
- Soziale Kompetenzen, Analysefähigkeiten und Problemlösungsvermögen
- Standing und die Fähigkeit sich auch auf obersten

Führungsebenen behaupten zu können
- Geistige und physische Flexibilität
- Weltweite Mobilität
- Berufserfahrung mit entsprechendem Expertenwissen und/oder Managementerfahrungen

Die Unternehmensberatung Kienbaum bezeichnet entsprechend ihrer Studie High Potentials 2006 die besten Absolventen eines Jahrganges als High Potentials. (7)

Rekrutierung und Förderung von High Potentials

Rekrutierung über Headhunter

Viele Unternehmen haben in den letzten Jahren die frühzeitige Rekrutierung und Förderung künftiger Top-Führungskräfte sträflich vernachlässigt. (2) Das hat zur Folge, dass bei einer zeitnahen Besetzung von Top-Positionen oft teure Headhunter beauftragt werden, um die geeigneten Kandidaten zu finden. Eine Erfolgsgarantie gibt es hierbei nicht und schon des öfteren werfen jene Kandidaten frühzeitig das Handtuch oder sind gezwungen aufgrund

Erfolglosigkeit vorzeitig das Unternehmen zu verlassen.

In einigen Branchen ist es aber auch üblich, hochqualifizierte Kandidaten nicht nur im eigenen Unternehmen zu entwickeln und zu fördern sondern gezielt von extern zu rekrutieren. (3), (4) In der Consulting-Branche werden verstärkt auch Quereinsteiger mit speziellen Fach- oder Branchenkenntnissen eingestellt. Deren Kunden wünschen sich verstärkt Berater und Gesprächspartner mit Lebens- und mehrjähriger Berufserfahrung. Sie wünschen sich Berater mit denen sie auf gleicher fachlicher Ebene diskutieren können. Die über Jahre hinweg und vor allem während der IT-Hochphase gängige Praxis, in der überwiegend Absolventen mit wenig Praxiserfahrung zu Kunden geschickt wurden, scheint sich langsam auf ein realistisches Verhältnis zwischen Anfängern und Professionals einzupendeln. (4)

Einstieg über Traineeprogramme

Verschiedene Unternehmen bieten bereits seit vielen Jahren bzw. in den letzten Jahren wieder verstärkt - Trainee-Programme für High Potentials an. Ziel ist es, über intensive Auswahlprogramme jene Bewerber zu identifizieren, die sich mittel- und langfristig zu zukünftigen Top-Führungskräften oder seltenen Spezialisten entwickeln. (1) Führungskräfte aus den eigenen Reihen haben oftmals den Vorteil, das sie das Unternehmen viel besser und oftmals auch aus der Perspektive verschiedener Funktionen kennen. Seltene Spezialisten sind auf dem Arbeitsmarkt kaum zu finden und deshalb ist es für Unternehmen überlebenswichtig, diese intern auszubilden und zu entwickeln. (8)

Die Auswahl der Absolventen oder Nachwuchskräfte mit Berufserfahrung erfolgt in der Regel durch Assessment Centers oder über mehrere Gesprächsrunden. Die meisten Trainee-Programme dauern zwischen einem und zwei Jahren und sollen den Teilnehmern die Chance bieten, verschiedene Bereiche und Funktionen des Unternehmens kennen zu lernen. Die Trainees sollen vor allem eigenverantwortlich an Projekten mitarbeiten können bzw. anspruchsvolle Aufgaben übertragen bekommen. Folgende Rahmenbedingungen sollten bei Trainee-Programmen gegeben sein, um für möglichst viele und vor allem die besten Hochschulabsolventen interessant zu sein: (8)
- Flexible Arbeitseinteilung und Arbeitszeiten
- Auslandsaufenthalte
- Ansprechende Aus- und Weiterbildungsprogramme
- Angenehme Atmosphäre und Unternehmenskultur

- Interessante und anspruchsvolle Projekte und Arbeitsinhalte

Neben diesen Kriterien ist ein wesentlicher Faktor die Intensität der Betreuung der Trainees. Wenn die Trainees optimal von ihrer Ausbildung profitieren sollen, dann müssen auch entsprechend qualifizierte Ansprechpartner und Betreuer vorhanden sein, die sich um die jungen High Potentials kümmern. (8)

Fallbeispiele

In der Textilbrache bieten viele Firmen wie Peek & Cloppenburg, Boss, Esprit oder Marc OPolo Trainee-Programme für Einsteiger oder Förderprogramme für High Potentials an. Ziel ist es, mittel bzw. -langfristig Experten oder Führungskräfte für die Bereiche Buying, Design, Produktmanagement, Vertrieb oder Qualitätssicherung zu entwickeln. (1)

Ein deutscher Angestellter in der zentralen Forschungsabteilung von Toyota in Japan hat nach seiner Bewerbung innerhalb von 4 Tagen alle Auswahlrunden bei McKinsey erfolgreich bestanden und einen Vertrag angeboten bekommen. Mit seiner über fünfjährigen Berufserfahrung in der Industrie hatte der Bewerber die Lebens- und Berufserfahrung, die von den Kunden des Beratungsunternehmens sehr geschätzt werden. (4)

Immer mehr Unternehmen haben einen wachsenden Bedarf an hochqualifizierten Mitarbeitern dem nur ein beschränktes Angebot gegenübersteht. Trotz dieses Ungleichgewichts senken die Unternehmen ihre Anforderungen an die potentiellen neuen Mitarbeiter nicht. (3) Die Anforderungen an Mitarbeiter in der Private-Equity-Industrie, z. B. bei der Firma 3i, werden immer komplexer und nur von wenigen Kandidaten erfüllt. Neben Hard Facts wie analytische Fähigkeiten, Marketing Skills und Commercial Sense spielen auch Soft Facts eine immer größere Rolle. Zwischenmenschliche Fähigkeiten wie Empathie, Charisma oder überzeugendes Auftreten werden bei der Auswahl der Kandidaten inzwischen als gleich wichtig und als Vorraussetzung für eine Einstellung angesehen. (3)

Als sich die Lufthansa AG mit dem Weggang ihres Finanzvorstandes konfrontiert sah, konnte sie aufgrund ihrer strukturierten Nachfolgeplanung schon nach kurzer Zeit einen Nachfolger aus dem eigenen Haus präsentieren. (2)

Weiterführende Literatur

(1) "Es wird Zeit, das Ganze strategisch anzugehen"
aus TextilWirtschaft 20 vom 18.05.2006 Seite 062

(2) Gefährliche Lücken Personalplanung
aus Capital vom 24.05.2006, Seite 89

(3) Köpfe gesucht! - Jobs in der Private Equity-Industrie heiß begehrt - High Potentials rar gesät
aus Venture Capital, Heft 5/2006, S. 10-14

(4) Quereinsteiger gesucht Die Personalchefs der Consultingfirmen brauchen dringend Verstärkung. Vor allem Führungskräfte anderer Branchen stehen auf ihrer Wunschliste - Fachexpertise ist begehrt. Unternehmensberater
aus Capital vom 12.04.2006, Seite 76

(5) Chartered Surveyors auf internationaler Überholspur
aus Immobilienwirtschaft, Heft 03/2006, S. 18

(6) Zugmann, Johanna, Die Jagd auf Hipos, Die Presse, 20.05.2006, S. K6
aus Immobilienwirtschaft, Heft 03/2006, S. 18

(7) Mal hofiert, mal ignoriert
aus Süddeutsche Zeitung, 22.04.2006, Ausgabe Deutschland, S. V2/15

(8) Trainees sind hochproduktive Nachwuchskräfte

Wie Unternehmen jungen Hochschulabsolventen
eine Praktikumsstelle schmackhaft machen
aus Neue Zürcher Zeitung, 11.04.2006, Nr. 85, S. 93

(9) Hochkaräter weltweit gesucht Der Kampf um den
besten Management-Nachwuchs tobt weiter. Die
Hochschulreform und die Abwanderung der
Supertalente erschweren es den Unternehmen, den so
dringend gebrauchten Nachwuchs zu beschaffen.
aus Financial Times Deutschland vom 24.03.2006,
Seite SB3

Impressum

High Potentials - Teuer einkaufen oder intern entwickeln?

Bibliografische Information der deutschen Nationalbibliothek

Die Deutsche Nationalbibliothek verzeichnet diese Publikation in der deutschen Nationalbibliografie; detaillierte bibliografische Daten sind im Internet über http://dnb.d-nb.de abrufbar.

ISBN: 978-3-7379-0905-1

© 2015 GBI-Genios Deutsche Wirtschaftsdatenbank GmbH, Freischützstraße 96, 81927 München, www.genios.de

Alle Rechte vorbehalten. Dieses Werk ist einschließlich aller seiner Teile – z.B. Texte, Tabellen und Grafiken - urheberrechtlich geschützt. Jede Verwertung außerhalb der Grenzen des Urheberrechtsgesetzes bedarf der vorherigen Zustimmung des Verlags. Dies gilt insbesondere auch für auszugsweise Nachdrucke, fotomechanische Vervielfältigungen (Fotokopie/Mikroskopie), Übersetzungen, Auswertungen durch Datenbanken oder ähnliche Einrichtungen und die Einspeicherung und Verarbeitung in elektronischen Systemen.